AF258351

L'ASSEMBLÉE NATIONALE

DEVANT

LE PAYS

L'ASSEMBLÉE

NATIONALE

DEVANT

LE PAYS

PAR J. D'ALBRET

EN VENTE

CHEZ TOUS LES LIBRAIRES

PARIS — 1872

L'ASSEMBLÉE NATIONALE

DEVANT

LE PAYS

———◦∞◦———

Le 8 février 1871, des désastres inouïs s'étaient abattus sur la France.

Dans l'espace de six mois, un trône s'était effondré honteusement; et celui qui fut Napoléon III avait lâchement livré cent mille de nos soldats sans se battre.

Le commandant d'une de nos principales places de guerre devait bientôt imiter le chef de l'Etat et livrer, comme lui, une magnifique armée complètement intacte. Enfin, le besoin de capituler devenant la règle en France, Paris aussi venait d'ouvrir ses portes à l'ennemi ; mais cette fois, au moins, si tous n'avaient pas fait leur devoir, le peuple avait été héroïque !

Le surplus de nos armées, mal commandées, souvent trahies par leurs chefs, démoralisées par des revers successifs, fuyait à l'approche de l'ennemi, dont les légions foulaient un tiers de notre territoire et menaçaient d'envahir le reste.

C'est à ce moment néfaste que la France était appelée à choisir les mandataires qui devaient, en son nom, traiter de la paix ou s'entendre sur les moyens de continuer la guerre, si l'*hôte* couronné de Versailles se montrait aussi impitoyable dans ses conditions que ses soldats l'avaient été dans leurs faciles triomphes.

Chaque famille avait à pleurer, ou la mort ou la disparition d'un de ses membres ; nous n'avions, pour ainsi dire, plus conscience de nous-mêmes : trop de douleur et de rage nous suffoquaient pour que nous puissions penser à l'avenir ; aussi en allant au scrutin, on ne s'inquiétait ni des opinions, ni du passé du candidat.

On ne voulait envoyer à l'Assemblée qu'un *grand nom*, espérant, bien à tort, on l'a reconnu depuis, que ces noms connus influenceraient notre implacable ennemi, et obtiendraient une paix honorable.

Le pays, néanmoins, était fatigué des monarchies comme des empires ; il comprenait que l'un et l'autre n'usurpent le pouvoir que pour enrichir une nuée de courtisans, tous plus avides à la curée les uns que les autres; dans tous les cas, tous assez lâches pour vivre paresseusement au milieu du luxe que leur procurent, sous forme d'impôt, le travail et les privations du pauvre; et sans se prononcer d'une manière bien accentuée, il voulait faire l'essai du gouvernement Républicain, que pour la troisième fois le 4 septembre avait inauguré.

Mais d'ailleurs, à ce moment, lequel des prétendants au trône eut voulu assumer sur lui la lourde tâche de liquider le legs que le second empire faisait à la France? Lequel, entre tous, aurait inspiré une confiance suffisante pour mener à bonne fin la réalisation de deux emprunts de cinq milliards; et non-seulement il fallait payer cette énorme rançon, mais l'invasion avait couvert le pays de ruines, qu'il fallait aussi relever.

La République, seule, pouvait opérer ces prodiges.

La France, revenue de sa stupeur, a suivi d'abord, sans parti pris, l'ère nouvelle que nous ouvrait ce régime; petit à petit, elle a compris les immenses et heureuses rénovations qu'elle nous réserve; elle a fini par se passionner, et aujourd'hui, il ne faut plus chercher à se le dissimuler, le pays est essentiellement républicain. Oui, on veut la République, non plus à titre d'essai, comme on le disait dans nos campagnes, naguère encore, mais on la veut définitive, bien sérieusement organisée, avec de vrais républicains à la tête et dans tous les rouages de la machine gouvernementale.

Le pays manifeste assez clairement ses aspirations pour qu'il ne puisse venir à personne l'idée de mettre sa conversion en doute.

Ne voyons-nous pas, en effet, les républicains triompher dans toutes les nouvelles élections. En vain tous les partis, bonapartistes, bourboniens, orléanistes, et que sais-je encore, il y en a tant de ces partis en France ; en vain, dis-je, les voit-on se coaliser, pour reporter leurs préférences sur le même candidat, ils subissent invariablement un échec écrasant. Rien pourtant n'est épargné par ces coalitions, promesses de faveurs, distributions de subsides, menaces, etc... Ne disposent-elles pas encore de tout, sous notre république actuelle ?

La réussite extraordinaire du dernier emprunt ne prouve-t-elle pas aussi d'une manière éclatante notre sympathie pour la forme républicaine ? Sous quel régime aurait-on obtenu plus de quarante milliards, lorsqu'on en demandait douze fois moins. Et cet emprunt d'ailleurs n'a-t-il pas été couvert plus de quatre fois par Paris seul, et qui pourrait mettre en doute les opinions républicaines de notre capitale ?

Le récent voyage, dans le sud-est, d'un des plus patriotiques et du plus zélé défenseur du principe républicain, M. Gambetta, n'a-t-il pas été une suite non discontinue d'ovations, non-seulement par le peuple, mais par les autorités émanant du suffrage, par l'armée même : et, si ces acclamations s'adressaient à l'homme, qui en est digne à tous égards, la République n'y avait-elle pas également sa large part?

Si un député légitimiste entreprenait un voyage de ce genre, recueillerait-il les mêmes signes de sympathie sur son passage? Ce serait un moyen très-simple de consulter l'opinion du peuple ; et le gouvernement lui laissant toute latitude de s'exprimer à sa guise, je ne comprendrais pourquoi M. Gambetta ne trouverait pas un imitateur dans les partis opposés.

Si le pays se prononce si franchement, et surtout si loyalement dans le sens républicain, l'Assemblée a-t-elle suivi les mêmes aspirations? Les mêmes idées ont-elles fait des progrès parmi ceux de ses membres qui sont arrivés avec d'autres opinions? Ou seulement ces opinions contraires ont-elles été modifiées dans une mesure qui fasse espérer, pour l'avenir, la conversion aux vœux du pays?

A toutes ces questions on peut répondre : non-seulement la majorité de l'Assemblée nationale n'a pas fait un pas dans les idées modernes, qu'elle n'est même pas restée stationnaire, mais qu'elle voudrait nous reculer d'un siècle en arrière.

Suivons-la, en effet, depuis son arrivée à Bordeaux.

Elle accepte une paix désastreuse, en consentant à nous séparer de deux malheureuses provinces, dont l'affection pour nous est telle, qu'aujourd'hui nous en voyons fuir les habitants, pour rester Français. Si les milliards étaient indispensables au vainqueur, qui ne pouvait s'en procurer ni dans ses états, ni chez ses voisins, pour continuer son immense fabrication de machines de guerre, on pouvait les lui *prêter*; mais que de bras restaient encore pour défendre l'intégrité de notre patrie! Que de héros on aurait trouvés dans les rangs du peuple, de ce peuple qui, lui, défend le pays, sans s'inquiéter autrement de ses succès, sans penser que ses victoires vont assurer l'affermissement de la République, que ses chefs ont en horreur!

Oui, malgré nos désastres, un très-grand nombre de vrais patriotes, et beaucoup de ceux-là étaient des membres de l'Assemblée nationale, pensaient que nous possédions encore les moyens de forcer la Prusse à nous accorder une paix moins honteuse que celle qui a été acceptée.

Cette triste paix signée, le devoir de nos mandataires semblait tout tracé; transporter le siége de leurs délibérations à Paris qui, depuis 93, n'avait jamais cessé d'être la capitale de la France.

Mais elle craignait, disait-elle, les canons prussiens, ou plutôt non; ce qu'elle craignait le plus c'étaient les indiscrets qui pourraient la gêner à Paris, plus qu'à Versailles, pour mettre à exécution les projets ténébreux qu'elle nourrissait depuis sa première réunion.

Que de maux pourtant n'aurait-elle pas évité, si elle

eut suivi ce sage conseil que lui donnaient tous ceux de ses membres sincèrement dévoués au pays !

Pourquoi montrer de la défiance envers Paris, qui venait, lui, de montrer tant de patriotisme ? N'était-ce pas le pousser à bout de toute patience ? Aussi, il devait en résulter la proclamation de cette malheureuse Commune, par les plus exaltés et par quelques coupables !

Que de nouveaux malheurs alors sont venus s'ajouter aux désastres de l'invasion. Le sang français répandu par des Français a coulé à flots. De pauvres et braves gardes nationaux, pères de familles, poussés par la faim ou par la force, étaient pris les armes à la main et fusillés sans jugement ; parfois, au moyen de mitrailleuses, les pelotons d'exécution ne suffisant plus à la besogne, des otages, choisis parmi les Parisiens, payaient innocemment de leurs vies ces tueries d'un autre âge.

Et la Commune, forcée dans ses derniers retranchements, la clémence allait succéder à la rage du combat ; trop de sang français avait déjà coulé pour que le moment ne fût pas venu de fermer l'ère des vengeances. Hélas ! il fallait encore des victimes, et quinze mois de détention devaient être la punition de trente mille chefs de famille qui ont été reconnus innocents. Mais aussi que de haines allaient s'amasser dans les cœurs de toutes ces victimes et de leurs familles !

Oui, dans la Commune, il s'était glissé de bien grands coupables, et qui devaient être un jour punis.

Mais les auteurs de l'attentat du deux décembre n'étaient-ils pas aussi coupables, et, dans tous les cas, bien plus lâches ; et qui a jamais pensé à leur infliger d'autre punition que celle d'enlever nos millions pendant vingt années, pour leurs besoins personnels au détriment de tous les services publics ; et lequel parmi nos *honorables*, tant acharné à la répression de la Commune, aurait aujourd'hui l'idée de flétrir ceux qui sont restés en honneur dans tous les rangs du Gouvernement actuel ?

Si on se fût montré d'abord généreux envers tous, les circonstances n'auraient-elles pas fait mettre la main sur ceux qui étaient vraiment coupables, et ne serait-il pas encore temps de les punir aujourd'hui, demain même, alors que le calme est rentré dans les esprits ? Au moins, on n'aurait pas victimé tant d'innocents, et n'est-il pas cent fois préférable de laisser un coupable impuni, que de faire une victime ?

La paix signée, l'Assemblée est redevenue maîtresse de Paris ; c'est alors qu'elle va chercher à faire face à notre immense dette. Mais, là encore, elle ne fera rien de généreux, de vraiment grand ; l'étroitesse et les préoccupations de son esprit vont percer partout.

Je n'ai pas l'intention de la suivre dans l'élaboration de toutes ces mesquineries d'impôts, qu'elle a si misérablement enfantés ; je ne veux en faire remarquer qu'un seul, qui montrera suffisamment l'esprit qui a présidé à l'élaboration de tous : *l'augmentation de l'impôt sur les vins.*

Depuis que la France s'est couverte d'un vaste réseau de moyens de transport : chemins de fer, canaux, nombreuses routes, etc., etc...., le vin, que nous produisons en si grande quantité dans certaines parties de notre territoire, est entré d'une manière continue dans l'alimentation du peuple ; aujourd'hui, il est devenu un objet de consommation de première nécessité. Déjà, par des dispositions antérieures, aussi absurdes qu'injustes, les gouvernements qui se sont succédés étaient arrivés à ce résultat : faire payer au pauvre, auquel ses moyens ne permettent d'acheter sa boisson que chez le débitant, et par litre, un impôt de vingt pour cent de la valeur du vin à son lieu de production ; tandis que le riche, qui peut l'acheter en futaille, n'avait qu'un droit de circulation insignifiant à payer, et cela sous le fallacieux prétexte, que si les débitants de boissons n'étaient pas soumis à l'exercice des droits réunis, le nombre en deviendrait trop grand.

Mais en admettant qu'il en fût ainsi, le mal ne me paraîtrait pas si grand, il y aurait plus d'offres relativement à la demande, et les boissons, au détail, se vendraient à un prix d'autant plus bas.

Pourquoi ne pas faire payer cet impôt, que je désapprouve, comme tous ceux qui frappent les objets de consommation, en proportion de la valeur échangeable des vins, et directement par le *producteur ?* Ne serait-ce pas de toute justice, d'abord, de faire payer dix fois plus d'impôt au vin qui se vend dix fois plus cher ; puis n'économiserait-on pas, de la sorte, les huit dixièmes des employés des droits réunis, et par conséquent des sommes très rondes au Trésor ; enfin, n'éviterait-on pas une foule de tracasseries aux débitants ?

Mais là n'était pas la voie dans laquelle l'Assemblée devait s'engager ; elle allait faire payer cette fois un faible impôt aux consommateurs de vin, qui en étaient jusqu'ici dégrevés ; mais ceux demandés aux débitants allaient aussi s'accroître, et l'injustice que j'ai signalée devenir plus évidente encore. Et pourquoi procédait-elle de cette manière ? Son but est assez clair : elle voulait faire payer aux plus pauvres, la plus large part des fautes de l'Empire et de ses indignes courtisans.

Ce n'est plus là la manière de voir du peuple français ; il y a un siècle, peut-être ne voyait-il pas autrement, parce que alors il n'avait pas les yeux ouverts, il ne pouvait voir qu'avec ceux de deux castes, la *noblesse* et le *clergé* ; mais aujourd'hui que la lumière lui a été donnée, il se montre plus généreux, plus grand que l'ont été ses mandataires. Quand il a terrassé ses ennemis, il les relève, les soigne, s'ils sont blessés ; il leur donne sa propre nourriture, au risque d'en être privé pour lui-même, et donne au pauvre, sans jamais chercher à augmenter son infortune.

— J'ai esquissé par quelques traits ce qu'a été l'Assemblée en séance ; elle a montré encore plus de petitesse, s'il est possible, pendant ses vacances ; aussi s'est-elle aliéné le peu de sympathies qui lui restaient encore, et aujourd'hui elle est complétement isolée du pays.

Il semble bien naturel que le mandataire d'une ou plusieurs personnes cherche à s'enquérir des besoins de ses mandants, à s'entourer de leurs conseils, pour les suivre ou les modifier en ce qu'ils auraient d'erronés ; il provoque leur réunion ; s'ils sont en grand nombre, il leur explique la manière dont il s'est acquitté de la mission qui lui était imposée. N'est-ce pas là, en effet, ce que fait tout gérant d'un établissement industriel quelconque, tout membre d'un conseil d'administration.

Nos mandataires à nous, qui sont les membres du conseil d'administration de la grande société française, bien autrement importante qu'un établissement industriel, ne nous devaient-ils pas aussi compte de leurs travaux, de leurs opinions ; ne devaient-ils pas prendre nos conseils, s'enquérir de nos besoins, et l'ont-ils fait?

Oui, un seul ! Et parce qu'il a voulu le faire, on sait de quelle manière certains membres de la Commission de permanence et le Gouvernement lui-même l'ont approuvé.

Mais si nos députés monarchiques ne consultent pas les vœux de leurs électeurs, ils ne se tiennent pas pour cela au repos absolu; ils vont consulter Notre-Dame-de-Lourdes, Notre-Dame-de-la-Salette, et que sais-je encore! Au fait; peut-être est-ce là qu'ils puisent leurs inspirations? et pourquoi s'en plaindrait-on?

Une chose pourtant m'étonne, c'est que le Gouvernement, qui au moins devrait tenir la balance égale entre tous les partis, laisse cinq à six mille cléricaux s'assembler, sous prétexte d'aller boire l'eau d'une fontaine plutôt que d'une autre, ou mieux uniquement pour montrer leurs antipathies au régime républicain, et refuse à quelques centaines de citoyens de se réunir, pour fêter l'anniversaire de l'avènement de la première République.

Mais n'est-ce pas une époque glorieuse pour la France que 93? La plupart de nos belles institutions modernes : le système métrique, l'école polytechnique, etc..., qui nous sont enviées par le monde entier, quand elles n'en sont pas copiées, ne sont-elles pas dues à la génération de 93? N'est-ce pas aussi à cette génération que nous devons cette pléïade de généraux qui, pendant plus de vingt ans, ont conduit nos armées de victoires en victoires à travers toute l'Europe?

Ah! si les chefs qui ont mené nos pères aux combats avaient pu être à la tête de nos soldats de 1870-71 ; si Kellermann et Dumouriez eussent pu sortir de leurs tombeaux ; malgré leur formidable armement et leurs innombrables légions, les Allemands n'auraient pas dépassé Valmy, et c'est à Berlin que la paix aurait été signée.

Et c'est pour fêter l'anniversaire d'une date, qui a révélé de si profonds génies, qu'on empêche à quelques républicains de se réunir, parce que l'évacuation du pays, le classement de l'emprunt, que sais-je encore, auraient été compromis par les discours qu'on y aurait prononcés? Mais alors si les républicains inspirent de telles craintes, pourquoi laisser à notre pays ce vain nom de *République Française*; il doit gêner davantage la solution de ces généreuses combinaisons.

Si je ne me trompe, ces craintes n'étaient pas le grand souci du Gouvernement; mais il ne fallait pas froisser les pèlerins de Lourdes et de la Salette, et surtout la République ne doit pas faire de trop rapides progrès dans l'esprit du peuple?

La mission du Gouvernement aurait dû être toute passive en présence de ces diverses manifestations; se borner à maintenir l'ordre, ne pas souffrir que dans un groupe de républicains, par exemple, une opinion contraire ne puisse se faire jour, empêcher toute pression d'où qu'elle puisse venir; mais laisser à leur aise les cléricaux aller à Lourdes, laisser les républicains s'assembler partout et quand ils l'auraient voulu ; laisser même saluer le comte de Paris comme futur *roi des Français*, laisser fêter sa visite à la fonderie de canons à Bourges, par les officiers de cette ville, et enfin laisser

même libres aussi, les officiers qui ont eu la malencon-
treuse idée d'assister à la réunion de Grenoble.

La *liberté pour tous*, telle aurait dû être sa devise,
à la seule condition du maintien de l'ordre.

Ainsi, pendant ses travaux, pendant ses vacances,
l'Assemblée nationale ne s'est constamment préoccupée
que d'intérêts dynastiques. Ceux du pays ont été de peu
d'importance à ses yeux, elle n'a jamais cherché à se
rendre compte de ses vœux, de ses aspirations ; sa
seule, son unique préoccupation, a été d'arriver à changer la forme du gouvernement, que le peuple souverain
lui avait confié en dépôt.

Dès les premières séances de l'Assemblée les partis
se sont nettement dessinés ; on a pu en compter trois
principaux : les *légitimistes*, les *orléanistes* et les *républicains*, celui dans lequel, à l'exemple du pays, tous les
autres auraient dû se fondre ; la dynastie déchue comp-
tait aussi quelques partisans, mais ils y sont en trop
petit nombre pour être pris en sérieuse considération.

Les deux partis monarchiques, d'opinions si différen-
tes, quand il s'agissait de débattre entre-eux le choix
du monarque, se sont constamment trouvés réunis
devant l'urne, lorsqu'il s'est agi de combattre une heu-
reuse innovation proposée par les républicains ; ils for-
ment d'ailleurs une majorité très-imposante.

Cette majorité devait naturellement peser sur le Gouvernement et lui imposer son choix, dans les emplois

de toutes sortes ; de manière qu'on retrouve les mêmes rudiments de partis dans tous les services de l'État, et aussi les mêmes causes de conflit partout.

Ne voit-on pas, en effet, tous les jours des conflits naître, dans un département républicain, parce qu'il est administré par un préfet légitimiste ? L'administration municipale, presque toujours essentiellement républicaine, ne veut naturellement pas laisser la préfecture empiéter sur ses droits, et alors, il en résulte ces scènes regrettables, dont nous avons été tout récemment témoins à Lyon et à Marseille.

Ce n'est pas là ce que le pays attendait de ses mandataires ; il n'avait pas besoin du spectacle qu'ils nous donnnent depuis leur nomination. Leurs tiraillements n'ont-ils pas tenu la France dans une agitation continuelle ; et n'est-ce pas là l'unique cause qui, d'abord, a puissamment aidé à nous amener la Commune, et qui seule empêche la reprise des affaires ?

Le 8 février, un gouvernement était établi, c'était *la République*. Elle n'avait pas renversé de trône, elle n'avait pas été usurpatrice ; elle avait toat bonnement ramassé le pouvoir dans la boue. Le peuple l'avait respectée, il avait combattu sous sa bannière, et la faute de ses chefs, leur ineptie et plus souvent encore leur lâcheté et leurs trahisons, l'avaient seule empêché d'y ramener la victoire. Les députés n'avaient pas la mission de changer la forme de ce gouvernement, le pays

ne leur avait pas donné ce droit; au surplus, ils se l'é-
taient encore interdit par le pacte de Bordeaux ; pourquoi s'épuiser à la recherche d'un monarque qu'on n'a
jamais demandé ?

Cette manière d'agir est-elle digne des représentants
d'une grande et noble nation ?

Et aujourd'hui, ils deviennent furieux, arrogants,
aussitôt qu'une plainte s'élève contre leur indigne manière d'agir? Mais alors il fallait mériter notre respect,
il fallait suivre les aspirations de vos mandants; il fallait consulter leurs vœux, et vous ne seriez pas isolé du
pays, ni en butte à ses sarcasmes?

La mission de l'Assemblée, pour ne pas aller jusqu'à nous donner une Constitution, n'en était ni moins
digne, ni moins grande. Elle était appelée à liquider un
passé qui s'écroulait avec l'empire ; et à préparer un
avenir que le 4 septembre avait fait entrevoir à la
nation.

Nos besoins appelaient toute sa sollicitude.

Il fallait réformer les nombreux abus que les vingt
années de tutelle des hommes de Sédan avaient fait
naître chez nous ; créer des impôts pour faire face à
notre dette, en réformer un plus grand nombre, qui
pèsent trop lourdement sur les classes pauvres ; nous
donner l'instruction gratuite et obligatoire, qui est uni-
versellement réclamée ; opérer la suppression de nombreux emplois dans l'administration civile, la magistra-

ture, etc.; diminuer dans une large mesure les gros traitements, qui sont un trop grand luxe dans un État démocratique et qui écrasent notre budget ; et nous donner une Église libre dans un État libre.

C'était à la recherche de ces importantes réformes à faire que l'Assemblée nationale devait employer son temps, et non à ses ridicules essais de fusion.

Et maintenant, que pouvons-nous attendre d'elle ? Elle s'est montrée trop peu soucieuse de nos intérêts, pour nous faire espérer, et pour nous faire oublier ses fautes?

Que lui reste-t-il à faire alors? Mutiler le suffrage universel, comme elle en a manifesté l'intention avant son départ de Versailles ; mutiler la seule institution acceptable que nous ait laissé l'empire ; ce serait dignement couronner son œuvre !

Mais nous sommes tous Français, et tous nous voulons librement exprimer notre opinion ; nous voulons tous intervenir dans le choix du Gouvernement, qui désormais doit nous régir. Et d'ailleurs mutiler le suffrage universel, exclure un certain nombre d'électeurs du vote, ou établir un vote à plusieurs degrés, ne serait-ce pas diviser les Français en *plusieurs couches sociales* d'une manière bien plus regrettable que ne l'a fait le discours de M. Gambetta à Grenoble; et ce *serait laisser faire le gouvernement d'un parti, et non celui de tout le monde* (1).

Espérons que l'Assemblée n'en arrivera pas à ces extrémités ; elle ne voudra pas nous précipiter dans le gouffre qu'elle a ouvert, et qu'elle tient béant sous nos pieds.

Elle a assuré l'évacuation de la France, ou plutôt l'emprunt républicain l'a fait pour elle ; l'ordre est rétabli.

Le pays n'aurait jamais été aussi tranquille, si ce n'étaient les haines qu'elle a fait naître, mais qu'elle est impuissante à apaiser, et ses menées monarchiques qui l'inquiètent et l'empêchent de reprendre le magnifique élan commercial et industriel qui le caractérise à un si haut degré parmi les autres nations.

Le provisoire a déjà trop duré, et s'il devait se prolonger encore, nul ne peut prédire les maux qu'il pourrait enfanter, et qui ne craindrait pas que notre malheureux pays en arrive à plier sous le poids de ses infortunes !

L'état d'inquiétude où nous vivons, n'a-t-il pas éloigné beaucoup de ces riches étrangers, qui dépensaient leurs immenses revenus à Paris, et pour lesquels la France était devenue une seconde patrie ?

(1) Paroles de M. Thiers à la séance de la Commission de permanence du 10 octobre.

Le commerce n'en souffre-t-il pas considérablement partout, et particulièrement dans les grandes villes, qu'on s'obstine à laisser soumise à l'état de siége?

Et enfin ne voyons-nous pas nombre de nos industries parisiennes s'établir dans d'autres villes : Bruxelles, Vienne, etc., et prospérer entre les mains de nos ouvriers proscrits ou fuyant la proscription; et qui peut dire qu'un jour ces industries ne rivaliseront pas avec Paris qui, jusqu'ici, a eu le monopole.

La temps marche, et avec lui les opinions; le moment est venu de nous donner une *Constitution* selon nos aspirations, si nous voulons éviter de nous jeter dans l'inconnu, et probablement dans le gouffre.

Nous n'avons jamais eu l'idée de confier cette mission à l'Assemblée, et l'aurions-nous fait encore, qu'éloignée, qu'isolée du pays et dans l'état de division où elle se trouve, tout ce qu'elle pourrait faire ne servirait qu'à égarer davantage les esprits, à envenimer les haines.

Une seule et unique voie lui reste ouverte: si elle veut rendre au pays le repos dont, avec tout le monde, M. le Président de la République reconnaît qu'il a si grand besoin, si elle veut qu'il reprenne le rang qui lui est assigné en Europe à la tête de la civilisation, si elle veut enfin que l'industrie, le commerce reprennent, et que la confiance renaisse parmi nous, c'est sa *Dissolution.*

Oui, l'Assemblée nationale doit se dissoudre, la France le veut, elle l'exige, et alors, libre et tranquille comme nous la voyons, elle procédera, sans pression d'aucune sorte, au choix de ceux qu'elle investira du titre et des attributions de *Constituants*, qui nous donneront une *République démocratique et libérale*, mais non *révolutionnaire*, comme les monarchistes semblent la craindre, parce que de révolution, nous n'en voulons d'aucunes sortes; nous voulons en fermer l'ère à tout jamais, par la liberté que nous laisserons à tout le monde d'exprimer pacifiquement ses opinions.

FIN

ARGENTEUIL. — IMPRIMERIE P. WORMS.